*»Was ist ein Name. Was ich Rose nenn,
mit jedem Namen riecht's genauso süß.«*

William Shakespeare

Dieses Buch ist Debbie Busy Bee B. gewidmet
Mit großem Dank an Francesco Ceccarelli und Olimpia Zagnoli

R. B.

Für Pernille

Z.

Deutsche Erstausgabe
1. Auflage 2025

© 2025 für die deutsche Fassung von Hacht Verlag GmbH, Hamburg
Alle Rechte vorbehalten.
Der Verlag untersagt ohne ausdrückliche schriftliche Zustimmung die Nutzung
dieses Werkes im Sinne des §44b UrhG für das Text- und Data-Mining.
Verlegerin: Rebecca Weitendorf von Hacht
Aus dem Italienischen von Ulrich Störiko-Blume
Lektorat: Natalie Tornai
Die Originalausgabe erschien 2024 unter dem Titel »Il Gran Miscuglio«
bei Aboca Kids, Sansepolcro (AR), Italien
Text © 2023 Riccardo Bozzi
Illustrationen © 2023 Zosienka
Dieses Werk wurde vermittelt durch die Debbie Bibo Agency
Gestaltung: Alice Nussbaum
Druck und Bindung: PNB Print, Silakrogs, Lettland

GPSR-Kontakt: von Hacht Verlag GmbH, Semperstraße 24, 22303 Hamburg,
gpsr@w1-vonhacht.de

ISBN 978-3-96826-055-6
www.w1-vonhacht.de
www.instagram.com/vonhacht_verlag

Riccardo Bozzi & Zosienka

DAS RIESENGROBE DURCHEINANDER

Aus dem Italienischen von Ulrich Störiko-Blume

*Habt ihr schon mal was vom riesengroßen
Durcheinander gehört?
Das war vielleicht ein Durcheinander.
Ein riesengroßes.
Und es ist wirklich schon lange her,
sehr lange.*

*Doch keiner weiß,
wie und warum es geschehen ist.
Nun gut, ich erzähle euch
das einfach mal alles.*

Es war an einem sonnigen und windigen Morgen.
Als auf der ganzen Welt die Tiere erwachten,
sahen sie mit einem Mal völlig anders aus.

Habe ich gesagt: anders?

Nein, das richtige Wort ist: verwandelt.

Sie wussten nicht, warum,
aber ihr Fell, ihre Haut, ihr Federkleid —
alles war vertauscht.

Der Löwe erwachte mit den Streifen eines Zebras.
Der Tiger erwachte gefleckt wie eine Kuh.

Der Fuchs erwachte
im Gewand eines Stinktiers,
und er roch auch so.

Das Dromedar erwachte
gepunktet wie ein Dalmatiner.

Das Erstaunlichste aber war,
dass alle sich auch so benahmen
wie die Tiere,
denen sie jetzt ähnlich sahen.

Der Tiger war auf einmal nachdenklich und verträumt.

Das Dromedar gab sich geradezu gesellig und verspielt.

Der Fuchs schämte sich ein wenig.

Und so weiter, und so weiter.

Menschen, die vorbeikamen,
waren vollkommen überrascht.
Denn die Tiere sahen überhaupt nicht mehr so aus
wie die, die sie von früher kannten.
Und sie verhielten sich auch ziemlich merkwürdig.

Was war da geschehen?
Wie war das geschehen?
Warum war das geschehen?

Auf diese Fragen hat niemand
jemals eine Antwort gefunden.

Als die Tiere am nächsten Morgen aufwachten, wunderten sie sich, dass sie wieder sie selbst waren.

Und das war das Ende des riesengroßen Durcheinanders.

Eines muss man aber sagen:
Auch nachdem alles wieder so wie immer war,
gab es manchmal einen sonnigen und windigen Morgen,
der die Tiere an jenen einzigartigen Tag erinnerte.

Die Schildkröte fühlte sich flink und frei wie ein Vogel.

Der Hai fraß am liebsten Wasserpflanzen.

Das Nashorn bewegte sich leichtfüßig wie eine Spinne.

Das Faultier flitzte herum wie ein Schimpanse.

Und so weiter, und so weiter.

So etwas wird bestimmt nicht wieder geschehen.
Aber wer weiß das schon?